A VECES NECESITO...
AYUDAR A LOS NIÑOS A CUIDAR SU CORAZÓN, SU MENTE Y SU CUERPO

POR GABI GARCIA ILUSTRADO POR BIANCA NITA

A veces necesito movimiento.
Salto, bailo o corro.

Me siento inquieto y tonto.
Todo es tan divertido!

A veces tranquilidad es lo que necesito.
Me cansa el ruido. Es demasiado.

A veces me pongo de mal humor y refunfuño o contesto.

Puede ser tan simple como necesitar un bocadillo.

La pizza es un antojo. La comida es una necesidad.
Siempre me lo recuerdan cuando empiezo a suplicar.

Quiero quedarme despierto. Dices que necesito dormir.
A veces, las reglas sanas no son divertidas de cumplir.

Una necesidad es esencial para sobrevivir y crecer. Pero más allá de la comida y el agua, estas necesidades me ayudan a florecer.

Necesito expresarme de diferentes maneras y a mi modo.
Hago esto todo el día cuando creo, construyo o juego.

Necesito contribuir, compartir, hacer mi porción.

Por pequeño que sea, ayudar me llena el corazón.

Necesito conectar y saber que pertenezco.
Quiero ser quien soy. Con eso me fortalezco.

Necesito que me quieras y me aceptes por mí.
Cuando me comprendes, soy libre a ser como soy frente a ti.

Necesito que me desafíen para aprender y crecer.

Al principio tropezaré y tantearé y luego podré proceder.

A veces necesito ayuda; No puedo hacerlo solo.

Pero lo hago por mi cuenta una vez que haya aprendido.

Necesito sentirme seguro y confiar en que allí estarás cuando las cosas sean inciertas, demasiado duras o injustas.

Haré todo lo posible por decirte lo que necesito.

Pero cuando no lo sepa, seguiré tu ejemplo.

Mis necesidades y sentimientos están conectados. Cuando entiendo uno, conozco mejor a los dos.

Cuando siento orgullo o felicidad, se ha satisfecho una necesidad.

Si siento frustración o tristeza una necesidad no está satisfecha.

Mis sentimientos y necesidades no son malos ni buenos. Son una parte de mí que pueden ser entendidos.

Presto atención a mi corazón, mi mente y mi cuerpo.

Cuidar de mis necesidades es amable y amoroso.

TODOS TENEMOS NECESIDADES

Una necesidad es algo imprescindible para que las personas tengan una vida sana y feliz.

Las necesidades físicas son necesarias para sobrevivir. También te avisan acerca del bienestar de tu cuerpo. Las necesidades físicas incluyen:

comida

dormir/descanso

agua

NECESIDADES FÍSICAS

refugio

aire

seguridad

movimiento

Pero también necesitas otras cosas. Las necesidades emocionales velan por el bienestar del corazón y la mente. He aquí algunas necesidades emocionales que todos tenemos:

AMOR Y PERTENENCIA
Tener relaciones respetuosas y de apoyo con uno mismo y con los demás. Ser comprendido y aceptado tal como eres.

EXPRESIÓN PROPIA
Compartir tus pensamientos, sentimientos e ideas. Utilizar la creatividad, la curiosidad y la imaginación para ser tú mismo.

IMPORTANCIA
Saber que importas y que puedes marcar la diferencia.

JUGAR Y APRENDER
Hacer cosas que te gustan. Superar los retos por ti mismo.

NECESIDADES Y SENTIMIENTOS

Tus sentimientos y necesidades están conectados.

Estos son algunos de los sentimientos que puedes notar cuando tus necesidades no están satisfechas:

- confusión
- mal humor
- decepción
- vergüenza
- frustración
- dolor
- soledad
- tristeza
- cansancio,
- preocupación

Estos son algunos de los sentimientos que puedes notar cuando se satisfacen tus necesidades:

- asombro
- confianza
- contentamiento
- entusiasmo
- amabilidad
- esperanza
- paz
- orgullo
- descanso
- gratitud

Practica hacer la conexión entre tus sentimientos y tus necesidades.

Me siento _____ porque necesito _____.

Cuando se satisface mi necesidad de _____, me siento _____.

Las necesidades y los sentimientos no son buenos ni malos. Son partes de ti a las que puedes aprender a prestar atención.

PRESTA ATENCIÓN A TU CUERPO, TU CORAZÓN Y TU MENTE

HAZ UNA PAUSA

RESPIRA PROFUNDAMENTE

¿QUÉ NECESITAS?

A veces, basta con saber lo que se necesita.

Otras veces, es necesario que alguien lo sepa para que pueda ayudarte a satisfacer tus necesidades.

UNA NOTA PARA PADRES Y CUIDADORES

Al adulto bondadoso que eligió este libro, ¡gracias! Es tanto para ti como para el niño al que le estás leyendo esto. Esto se debe a que todos los niños necesitan adultos cariñosos y que los apoyen para ayudarlos a satisfacer sus necesidades físicas y emocionales. Cuando esto se hace de manera constante, ¡prosperan!

Además de satisfacer sus necesidades físicas básicas, los niños necesitan que estemos en sintonía con ellos. Necesitan que los escuchemos, seamos empáticos y les brindemos un sentido de seguridad y pertenencia en el mundo. Necesitan que juguemos y exploremos con ellos, confiemos en sus capacidades, proporcionemos rutinas predecibles y establezcamos límites. En resumen, necesitan cuidados para sus corazones, mentes y cuerpos.

Espero que este libro sea útil para explorar y comprender mejor las necesidades que todos compartimos, pero de las que rara vez hablamos. Ser humano es tener necesidades, y ayudar a los niños a comprender y comunicar las suyas es un don.

Una comprensión esencial de este libro es que las necesidades y los sentimientos están conectados. Cuando no se satisfacen nuestras necesidades, surgen emociones difíciles. Las necesidades y los sentimientos no son buenos ni malos. Son partes de nosotros a las que debemos prestar atención.

Cuando comprendemos (y ayudamos a los niños a comprender) que los sentimientos desafiantes que experimentan indican una necesidad insatisfecha, es más probable que responda con empatía, curiosidad y compasión. Modelar esto les enseña a los niños que tener esas necesidades y sentimientos está bien.

Una vez que se ha identificado la necesidad o el sentimiento, podemos ayudar a los niños a encontrar formas de satisfacer esas necesidades. ¡Ayudar a los niños a ser más conscientes de lo que su corazón, mente y cuerpo necesitan los empodera! A medida que los niños aprenden a identificar y expresar sus necesidades, llegan a conocerse y entenderse a sí mismos más profundamente.

Atentamente, Gabi

Gracias por elegir este libro. Soy mamá, autora de libros infantiles y consejera profesional licenciada. Pasé 21 años aprendiendo de los niños con los que trabajé en las escuelas públicas, algo por lo que estoy inmensamente agradecido.

Estas experiencias, además de ser un ser humano en este planeta, inspiran los libros que escribo. Creo en el poder y la belleza de los libros. Espero que los que escribo sean de utilidad y contribuyan de alguna manera a hacer de este mundo un lugar mejor. Puedes encontrar más en mi sitio web: gabigarciabooks.com.

Si este libro le resultó útil, le agradecería sinceramente su reseña honesta. Es una de las mejores maneras de ayudar a otros a encontrarlo.

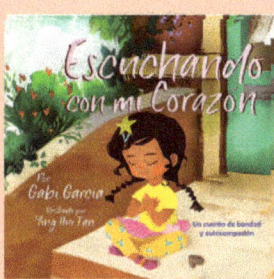

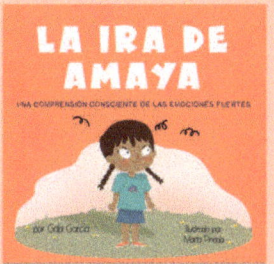

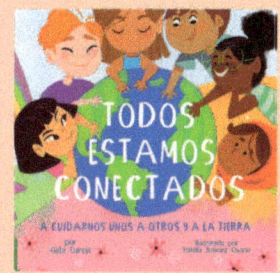
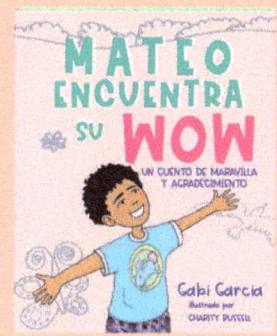

Todos los títulos están disponibles en inglés.

Soy una ilustradora infantil apasionada por crear arte lúdico e imaginativo para proyectos significativos. Nacida en Rumania, ahora viajo por el mundo, infundiendo la mejor inspiración en mi trabajo de los lugares que visito.

Soy un artista autodidacta y creo que todos pueden llegar a ser y tener todo lo que desean si creen en sí mismos y trabajan constantemente en sus sueños.

Cuando no estoy ilustrando, es posible que me encuentre practicando deportes, haciendo caminatas, dando paseos por la naturaleza, leyendo, cantando, bailando o probando una deliciosa comida.

Puedes seguir mi viaje @biancanitaillustration (en Instagram) 😊

Para mi hija Liliana y por todos los niños:
Tu importas. Que siempre sepas lo especial de quién eres.

SPANISH EDITION

Copyright © 2023 by
Gabi Garcia Books, LLC
gabigarciabooks.com
Illustrations by Bianca Nita

902 Gardner Road no. 4
Austin, Texas 78721

skinned knee publishing

Identifiers: ISBN: 978-1-949633-69-6 (hardcover) | 978-1-949633-70-2 (paperback) | 978-1949633-71-9 (ebook)

www.ingramcontent.com/pod-product-compliance
Lightning Source LLC
Chambersburg PA
CBHW041231240426
43673CB00010B/303